청춘마감 (靑春 마감)

당신의 청춘은 언제인가요?

차례

저자의 말   8

만남

금요일에 만나요	12
눈사람	15
달에게 너에게	16
불멍	19
심폐소생	20
아니겠지	22
알록달록	24
우연론	26
외양간	29
코골이	30
하늘만큼 땅만큼	32

헤어짐

가시나무	36
고슴도치	38
그래서	41
꿈	42
난추(亂秋)	44
매듭	46
맹물	49
부스러기	50
비와 당신	52
3월	54
을지로에서	56
작별	59
J에게	60
종이비행기	62
주7일제	64
집으로	66

삶

날개	71	마치며	102
노이즈 캔슬링	72		
당신과 나	74		
버티기	77		
별	78		
30000살	80		
올드진스	82		
외로움에 대하여	84		
정원사	86		
집밥	89		
천장	91		
출근	92		
청년이여	94		
퇴근	96		
필살기	98		
한강의 기적	100		

저자의 말

　머리말이 아니라 연애편지를 쓰는 기분입니다.
　저에게 처음은 언제나 설렘을 안겨주지만 동시에 긴장과 떨림도 함께 주는데, 그래서인지 매섭게 추운 날씨에도 손에 땀이 마르질 않습니다.

　시집『청춘마감』은 단순히 지난 시절을 글과 그림으로 엮은 기록물이라기보다는, 읽는 분들이 먼지 덮인 추억들을 다시금 들여다보게 하는 일종의 안내서에 가깝습니다. 글과 그림을 감상하는 동안, 문득 자신의 언젠가를 떠올리게 된다면 바로 그 '문득'부터가 제가 여러분들께 선물하고자 하는 독서의 시작일 것입니다.

　또한 이것은 개인의 이야기이자 우리 모두의 이야기입니다.
　우리 모두가 서투르고 어설펐던 것처럼 이 책에 담긴 시들도 투박하고 까슬한 질감을 솔직하게 드러냅니다. 각자의 소중했던 순간들을 마주하는 반가움부터, 촌스러웠던 예전의 자신으로부터 몰려오는 창피함까지, 그 모든 감정이 즐거운 추억이 되기를 바랍니다.

아울러 시집 『청춘마감』은 시를 쓰고, 읽고, 사랑하는 많은 사람들을 향한 저의 응원입니다. 제가 지금껏 글과 그림을 통해 받았던 위로와 응원을 누군가에게 돌려주고, 나아가 다정한 인사를 건네는 것에 그 의미가 있습니다.

그 의미를 가질 수 있게 도움을 주신 모든 분들에게 진심으로 감사드립니다.

끝으로 지금 이 글을 읽고 계시는 분들에게 몇 줄의 글로는 담을 수 없는 감사의 인사를 전하면서, 저의 청춘을 고스란히 담은 『청춘마감』을 시작하겠습니다.

금요일에 만나요

앞으로 설레일 마음까지 전부 끌어다

이른 아침부터 볼때기가 눈치 없이 간질거렸다

금요일 저녁이 원래 이렇게 생겼었나

삼키는 술이 달았다가 씁쓸했다가

연거푸 털어 넣어도 네 속은 알 길이 없고

눈도 마주치지 못하고 횡설수설하다가

떨리는 술잔에 내 속만 들켜버리고

잠시 다른 곳을 보았다가 다시 보면 그새 그만큼 더

너는 빚은 듯 예쁜 얼굴로 환하게 웃고

나는 그저 그 웃음 계속 보고 싶어서

앞으로 있을 모든 금요일을 너에게 주고 싶어서

눈사람

깊게 잠든 동네에 소슬히 내리는 눈

깨끗하고 하얀 밤을 핑계 삼아 전화를 건다

무던했던 인생에 그나마 흥미로운 순간들을 골라

아무것도 모르는 수화기 너머로 전부 말해준다

듣고 있는 어깨에 백년설로 내려앉는 상상을 하면서

한 입 겨우 떠먹일까 뭉근한 걱정을

당신은 어쩌면 망설였겠지만

차가운 콧물 삼키며 꺼내 문 담배 한 개비가

나는 좀처럼 아쉬움이었지만

달에게 너에게

거리를 오가는 발걸음 사이로

가을이 조금씩 얼기 시작했다

오늘 첫눈이 내린다는 소식에

따뜻한 차 한 잔씩 나눠 들고 발코니로 나왔지만

달은 대답도 없이 얄미운 얼굴만 덩그러니

연습했던 멋진 말들은 미처 꺼내지도 못한 채

애먼 밤하늘만 여기저기 찔러대지만

더할 나위 없이 그저 완벽한 밤에

달에게, 그리고 너에게

불멍

당신이 나를 사랑한다는 건

장대비 내리는 밤에 아늑했던 오두막처럼

곁에 고소하게 타고 있던 장작불같이

눈곱이 붙어있어도 멋지다 해주고

우스꽝스러운 표정을 지으면 기꺼이 웃어줌으로써

늘어만 가는 조급함을 못 본척해 주고

별보다 생각이 더 많은 밤에 나를 혼자 두지 않음으로써

침대에 누워 적어둔 시를 다시 읽어본다

모두가 당신의 이야기는 아니었지만

언젠가부터 하나같이 당신만을 바라보고 있다

심폐소생

누군가 도망쳤던 곳에 우두커니 서서

작은 불씨 하나 스며들 틈도 없이

그렇게 한참을 굳어있었지만

당신을 보면 타오른다

두 볼이 뜨거워 정신이 혼미하다

활활 타오를 수 있음에 감격하듯

병풍자(病瘋者) 달밤에 춤을 추듯

여태 쟁여놓은 것들도 전부 꺼낸다

미움이고 애정이고 당신의 것이 아니면

불길 속으로 모조리 던져버린다

당신은 나의 눈을 가만히 바라보는 것만으로

이름을 나지막이 부르는 것만으로

살아있는 척 죽어있던 나를 마땅히 움직인다

아니겠지

처음 가본 너의 집에서

왠지 어른이 된 것 같은 두근거림이 채 가시기도 전에

너의 발보다 한참 큰 슬리퍼가 눈에 들어왔다

밤새 잠 못 들고 뒤척거리다

날이 밝자마자 새 슬리퍼를 사 들고 간다

내가 생각해도 유치하고 못난 투정

설마 눈치채는 건 아니겠지

그마저도 사랑뿐인데

혹시 눈치채지 못하는 건 아니겠지

알록달록

씹다 뱉은 껌처럼

바닥에 눌어붙는 걸음으로 집으로 간다

와중에도 함초롬한 꽃집을 지나치지 못하는

이 마음이 사랑이 아니고서야

무슨 꽃인지 어떤 꽃말인지는 모르지만

네가 좋아하는 색으로 무작정 집어 담는다

하루 종일 보고 싶었다거나

덕분에 오늘도 무사히 보냈다거나

죽어도 입 밖으로 못 꺼내는 말들

다발로 대신 묶어 들고 집으로 간다

우연론

당신의 우연을 기다린다

일 년 중에 350일 정도 되는 그런 평범한 날에

지극히 사소하고 반갑게 찾아올 것이다

나의 운명은 마침내 이곳으로 와 멈췄다

여러 이름들에 끌리고 밀리며

쓰린 말들을 주고 또 받으며

이제는 기억도 나지 않는 어수선한 순간들을 지나서

당신은 나를 향해 달려오고 나는 눈으로 따라 달린다

발목에 힘을 단단히 주고 기다렸다가

나의 옆을 스칠 때 단숨에 올라탈 것이다

당신도 내가 지극히 사소하고 반가울 수 있도록

외양간

마음이 가는 것이 눈에 보일 지경이다

담묵색 표정 뒤로 무엇을 감추고 있는지

입을 꾹 다물며 넘치려는 마음도 같이 다문다

눈동자에 비쳐 보이는 얼굴로

목소리에 담겨있는 이름으로

내가 당신에게 조금 들어있다

읽는 글자 사이로 보이지는 않았는지

듣는 음악 사이로 들리지는 않았는지

내가 없는 곳에서 나를 만나보았는지 물어볼 길이 없어서

용기가 나기 전에 외양간에 묶어둔다

이러지 말아야지 머리를 털어대는 꼴이

아무래도 진작부터 늦었는지도 모른다

코골이

깜깜하다 못해 달도 지워진 밤

밖으로는 이름만 어여쁜 꽃샘추위

너는 옆에서 고롱고롱 자고

나는 잠들지 못한 채 쓰고 지운다

새벽이 되면 찾아오는 고약한 것들

평온할 너의 꿈에 어느 하나 닿지 않기를

내가 전부 물리치고 나면

너는 그제서야 일어나 잠든 나를 깨워주기를

하늘만큼 땅만큼

하늘만큼 땅만큼 사랑한다고 대답했다

성의 없다고 너는 서운해했다

10까지 겨우 세는 아이의 3000 같은 것이었는데

예를 들자면 아주 많아서

떠올리기는 쉬워도 고르려면 한참이 걸린다

네가 좋아하는 노래라는 말에

뭉개진 가사가 선명하게 들리던 순간이나

별 하나 없이 깜깜한 하늘에

손잡은 마음 위로 별똥별이 쏟아지던 밤이나

꽉 막힌 퇴근길 빨간 램프들이

네 목소리에 맞춰 춤을 추던 장면 같은 것들

내일 너의 작은 어깨를 쥐고 다시 말해줘야지

서운한 너는 분명 나를 또 쏘아보겠지만

아무래도 하늘만큼 땅만큼이라고

헤어짐

가시나무

텅 빈 하늘 아래로 바다가 가득하다

우리의 초(秒)는 지치지 않고

오르내리는 물결마다 층층이 부서진다

가시나무 촘촘히 얽힌 채 넘실거린다

어디로 떠내려가는 줄도 모르고

놓치지 않겠다고 서로를 더 끌어안는다

눈 감으면 다시 나를 미워하는 장면

너도 나처럼 구태여 애를 쓰고 있구나

언젠가 당신이 말했다

우리가 헤어지면 그것은 지나가는 한여름 밤의 꿈

나는 분명 밤새워 시를 쓰며 너를 그리워할 거라고

어쩜 그렇게 애석한 농담을 했어

고슴도치

헤어지자 말했던 나를 여태 미워한다고

사계절 봄이었던 우리가

피 흘려도 끌어안던 서로가

네가 쥐여준 약속들은 모래알로 새어 나가고

손바닥에 남은 먼지만 찝찝하게 반짝거린다

애정했던 나를 원망해도

원망했던 너를 애정해도

그걸로 서로의 이름이 편해질 수 있다면

다시는 사랑 따위 안 할 거라더니

다른 놈하고 잘만 하던데

그래서

끝자락에 가늘어지는 계절이 아쉬워

연기 속 낯익은 얼굴들이 나를 쳐다본다

시끄러운 하루로 덮어두었다가

새벽이 되면 슬며시 들춰 본다

그리워한 만큼 시는 쌓였고

들여다보면 저들끼리 부둥켜안고 울고 있다

떠날 용기도 없으면서 늘 서두르기만 한다

행어 마주칠까 서성이던 눈동자와

서둘러 들고나온 빈 여행 가방이 그러했다

어제는 잊었다고 후련했다가

오늘은 보고 싶다고 눈물이 났다가

아무리 생각해도 좀처럼 앞뒤가 맞지 않아서

나처럼 이러지 않았으면 해서

꿈

밤새 검은 바다를 헤엄쳤다

물속으로 고개를 집어넣어도

바깥으로 내밀어도 온통 깜깜했는데

어쩌면 눈을 감고 있었는지도 모른다

별안간 또렷하게 마주한 너의 얼굴

눈 밑 작은 점부터 희미한 주근깨까지

아무렴 기억하고 있었구나

만지려 다가가니 뿌옇게 흘러내려

연거푸 쓸어 올려도 속절없다

툭하면 울던 시절처럼 곧장 솟아오른다

깨고 나니 손바닥엔 붉게 파인 손톱자국

눈꼬리 모양을 따라 축축하게 젖은 베개

어쩌면 긴 꿈을 꾼 건지도 모른다

난추(亂秋)

움츠러드는 겨울을 보내고

깜빡 설레는 봄을 지나

축축하고 끈적이는 여름까지 버티고 나면

쿰쿰하고 고소한 종이 냄새로

닿기도 전에 간지럽다 굴러대는 낙엽으로

눈을 감으면 시가 들리는 계절이 온다

지나 부는 선선함 한 줄기에

행여라도 잠시 나를 떠올리면

그 잠시 동안 당신 무릎에 앉았다 올 수 있지는 않을까

어지러운 생각들을 하다 보면

멀미가 나서 눈을 감는다

눈을 감아도 당신이 보이는 계절이 온다

매듭

덜 아문 딱지를 억지로 뜯어내고

되려 한참을 고생한다

말 그대로 눈이 부시던

부신 눈을 감아도 네가 보이던

우리는 툭 하고 풀려버렸지만

온 세상이 도와 너를 다시 마주 안아도

너는 나의 기쁨 아래에서 몰래 울 텐데

차라리 밤마다 홀로 시를 쓰며 너를 사랑하고

잠에 들기 전에 헤어진다

헝클어진 끈을 어르다 보면 알게 되겠지

계절은 금세 다음으로 옮아가고

바람이야 등 뒤로 지나가면 그만인 것을

맹물

얼굴까지 울려대는 심장 소리

날이 밝기도 전에 뛰쳐나가던 청춘이었다

아무래도 덜 익어 떫은맛이 났겠다

위로하는 친구들에게 끄떡없다고 큰소리

동네 놀이터에서 한참을 울던 찌질이였다

아무래도 눈물뿐이라 짠맛이 났겠다

몸서리 몇 번에 미지근한 맹물로 산다

목 넘김이 싱겁고 아무런 맛이 없는

다소 수수롭게 보여도 아무 탈이 없는

혓바닥이 아릴 만큼 맛을 보고 나니

그것이 나의 잘못은 아니었다

가끔 생각나면 침이 꼴딱 넘어가도

그것이 나의 평생은 아니었다

부스러기

찰나의 기억으로 영원을 산다고 했다

내가 그것을 마주할 때는

마치 지금이라고 알려주듯 시간이 느리게 흘렀다

한 톨 남김없이 쟁여두었다가

고달픈 날이면 방구석에 주저앉아

바스락 소리도 안 내고 조용히 꺼내 먹는다

그것은 햇살 아래 찡그리는 표정

가물거리는 솜털과 바들 늘어지는 하품

함께 걸은 거리와 멀어지는 기차의 경적 소리

삼키기 아까워 입에 넣고 한참을 녹여 먹는다

당신은 무엇을 꺼내 먹고 있을까

보고 싶다는 한마디에 달려가 놓고

문 닫은 꽃집 앞에서 돌아서던 발걸음이려나

끝내 떠나겠다는 말을 붙잡지 못하고

묵묵히 고쳐 매어주던 신발 끈이려나

비와 당신

물 먹은 구름이 돌연 하늘을 덮더니

덜 마른 어깨 위로 비를 쏟아붓는다

피할 지붕도 펼칠 우산도 전부 당신에게 주고

세차게 내리는 비에 쫄딱 젖는다

꼴에 그런대로 낭만적이라면서

좀처럼 그칠 생각을 안 한다

지나가는 소나기인 줄 알았지만

머리 위로 먹구름이 길게 매달려 있다

비가 오는 날이면 늘 당신이 생각나던데

비와 당신은 같은 말이 아닐까

3월

봄이 왔는지 날이 화창해

모처럼 들뜬 기분으로 꽃구경을 실컷 했지만

난데없이 차가운 비가 내린다

젖은 꽃잎들은 바닥에 들러붙어 지긋이 밟힌다

안 그래도 좁은 방이 그림자에 잠기고

빗줄기가 창문에 부딪히며 기척을 내면

너는 이때다 싶어 기어코 틈을 비집고 들어온다

뭐라도 해야겠어서 끄적거리다 보면

먼지 되어 방 안을 떠다니던 마음도

달게 젖어 구석마다 가라앉는다

그새 창문 앞에 꽃잎으로 거대한 벽이 생겼다

을지로에서

살랑거리는 조명과 나풀거리는 식탁보

근사한 와인과 더 근사한 재즈까지

파랗게 번지던 을지로의 새벽

돌처럼 굳은 왼팔에 뜨겁게 취한 이마를 기댄 채

그렇게 둘만 남은 거리를 하릴없이 걸었다

네가 너라는 것이 어지러워

아기 엉덩이 같은 뺨에 입을 맞춰도 보고

남은 오른팔로 머리를 쓰다듬어도 보고

여태 아름다운 건 그날 밤 적어둔 몇 줄의 메모

을지로는 그대로인데 우리는 아닌 것처럼

빼곡히 수백 편의 시를 적어도

늘 당신 한 줄이 빠져있다

작별

사랑에 빠지면 응당 그렇듯

나는 불안해하는 당신의 손을 굳게 잡고

용감하게 당신의 인생을 살았다

이별을 마주하면 응당 그렇듯

당신의 늦은 후회에 아무런 위로를 하지 못한 채로

나의 인생으로 돌아왔다

이제는 내가 나를 사랑해야지

절뚝거리는 걸음은 부축해 주고

들썩이는 어깨는 다독여 주면서

밤마다 두꺼운 이불과 따뜻한 음악을 꼼꼼하게 덮어주면서

J에게

올해도 어김없이 길가에 붉은 영산홍이 피었고

나도 변함없이 좋아하는 작은 공원을 찾는다

눈을 감으면 우주가 광활하지만

꼰 두 다리는 어정쩡하다

행복하고 건강하라고

사랑하고 사랑받으며 귀하게 지내라고

미안해하던 너에게 멋지게 말해주었다면 얼마나 좋았을까

구태여 전하지 않는 안부와

오늘의 곁을 지키는 다정함으로

서로에게 적당한 날이 온다는 것을

그때는 미처 알지 못했던 까닭에

어린 마음으로 여태 소중하게 부둥켰던

낡았지만 정든 마음

정들었지만 낡은 마음

똑 닮은 벤치에 놓아두고

종이비행기

친구랑 둘만 남은 동네 선술집

낙서 빼곡한 벽에 뭐라도 그려달라며

친구 놈이 술주정을 부린다

울퉁불퉁한 벽에 종이비행기를 꺼낸다

여태 정성스레 접었다가

이내 내던지고 짓밟았다가

구겨질 대로 구겨져 아무리 눌러 펴도 자국이 남아있는

멀리 취한 김에 거하게 던져봐도

벌겋고 무거운 머리통처럼 얼마 못 가 바닥으로 고꾸라진다

아무래도 날이 조금 더 개어야겠다

주7일제

평일 내내 기다렸던 주말이 왔다

장을 보고 청소를 하고

오늘은 마침내 이불 빨래까지 했다

슬그머니 배가 고파

두 그릇을 가볍게 해치우고

빵빵해진 배를 쓸면서 생각한다

모처럼 늘어지게 낮잠이나 잘까

아니면 밀린 만화책이나 읽을까

너는 잘 지내고 있을까

주말도 없이 평일로만 살아야겠다

매일을 평일처럼 살아야 살겠다

집으로

당신이 불현듯 사라지고

나는 제자리를 빙글빙글 돌다가

지금껏 달려온 길을 따라 무작정 밟았다

우연히 들른 카페 아르바이트생의 친절함이었나

내가 있어 든든하다는 직장 동료의 응원이었나

어색한 까꿍에 웃어준 아이의 해맑음이었나

당신의 불현듯처럼 불현듯

집으로 돌아갈 시간이 되었다

갈 길이 멀지만 그리 오래 걸리지는 않을 것이다

날개

하루에 열두 번도 더 날아가려는 마음

매번 붙잡아 끌어 앉힌다

정수리부터 어깻죽지까지

축축하게 썩은 나무껍질을 두른 것처럼

우울함에 질감이 있다

등 위로 까마득한 하늘

가슴 아래로 까마득한 바다

그 사이 유유히 가로지르는 이름 없는 날개

내일은 용기 낼 수 있기를

먼 곳까지 날아갈 수 있기를

노이즈 캔슬링

쿵-쿵- 크고 무거운 것들은 부딪히고

끼릭-끼릭- 늙은 엔진은 안간힘을 쓰고

쐐액-쐐액- 헐거운 바퀴는 먼지 날리며 구른다

뻐근한 고개를 들어 올려다보면

반쯤 무너진 천장색 천장

사이로 구름 없이 시리기만 한 하늘색 하늘

더 늦기 전에 지긋지긋한 소음에서 벗어나자

거대한 숲을 두꺼운 유리창에 가둬두고

눈이 오나 비가 오나 바람이 불든가 말든가

달그락 얼음에 위스키 한 잔과

성냥과 담배, 재즈를 허풍 가득 앉혀두고

지겹도록 고요 속에 살아보자

당신과 나

헤아릴 수 없는 시간 중에 하루

셀 수 없이 많은 행성 중에 지구

870만 생명들 중에 사피엔스

다양한 인종 중에 동양인

200개가 넘는 나라 중에 나의 조국

왜 이런 모습일까

처박힌 낡은 소파에 기생하는 진드기도 아니고

수십만 광년 밖에 태어나는 초신성도 아니고

나는 하필 어제 시를 완성했고

당신은 마침 오늘 읽고 있는 걸까

버티기

저릿한 발바닥과 뻐근한 등허리로

오늘 하루에 아무런 미련이 없다

없으면 꿈도 없이 잠을 푹 잔다

오늘 대수롭지 않게 보낸 하루는

어렸을 적 상상만큼 대단했던 하루였지만

언제부턴가 나만 나를 새삼스러워한다

늦은 새벽에도 도로에 차들은 줄지어 달리고

주차장에는 내 차 한 대 편히 세울 자리도 없는데

사람들은 다들 어디로 갔는지

내가 여기까지인 것을 내 몸만 귀신같이 알고

날이 밝으면 몸살로 두들겨 맞는다

별

세상 모든 시인들의 첫사랑

너희들은 어쩜 이름마저 반짝거리는구나

반짝거린다는 말까지 반짝거린다

아른아른 높은 하늘에 박혀서

아등바등 사는 나를 내려다보면 무슨 생각이 드니

어제는 그녀와 걷던 강가에 비치던 불빛 같더니

오늘은 출국하던 날 어머니의 눈물 같기도 하다

이만 돌아가서 사랑하는 이름들을 만나다오

하루가 어땠는지 다정하게 안부를 물어봐 주고

깜깜한 밤이 무섭지 않게 밤새 지켜봐 주고

내일 너희에게 들려줄 멋진 시를 골라놓을게

우리는 내일 다시 만나자

30000살

이제껏 살아온 여러 번의 인생들 중

문득, 이번이 마지막 것이구나

명색이 마지막인데

행복으로 가득했던 오늘에 감사하고

다가올 내일을 기대하며 깊은잠에 드는

그런 삶 정도는 되어야 하는 거 아닌가

가고 싶은 대로 가지도 못하고

하고 싶은 대로 하지도 못하고

어른이 되기는커녕 공짜로 나이만 따박 먹었는데

_____, 아무래도 이번 생은 망한 것 같은데

한 번만 더 기회를 주시면 안 될까요

다음에는 기필코 제멋대로 살겠습니다

올드진스

간밤에 좋은 꿈을 꾸었지만

찾아오는 행운 하나 없었던 바람 빠진 하루

남은 밤이 조금 적적하지만

사람들 귀찮게 하는 건 싫어서

혼자 시를 쓰며 조용히 수다를 떤다

TV에 뉴진스가 나온다

나랑 10살이 넘게 차이가 난다는데

이게 도대체 무슨 일이지

30년을 넘게 구르고 나에게 남은 건

빼곡하게 채워놓고는 먹지도 못하는 이력서 한 장과

진한 여운이 남는 멜로 영화 몇 편뿐인데

이게 도대체 무슨 일이지

외로움에 대하여

빨래를 개다가 코끝이 시큰거릴 때에도

모처럼 취했는데 라이터가 보이지 않을 때에도

외롭다 외롭다 버릇처럼 말하지 않았다

당장에 아무도 없이 혼자라서

있어야 할 곳에 있지 않아서

그렇게 훤히 알 수 있다면 쉬우련만

별안간 파도처럼 밀려오면

미처 숨을 들이마시지 못하고 가라앉는다

아껴두었던 주마등 하나를 겨우 붙잡고는

그제서야 허공에 외롭다고 한 번 말해본다

밀려온 방향으로 조금씩 빠져나간다

정원사

이제는 사라진 서슬 퍼런 파수꾼

멋지게 차려입은 정원사가 대신 졸고 있다

햇살이 따사로운 날이면

졸다 일어나 하얀 장갑을 챙겨 든다

백 일짜리 배롱나무가 귀한 재롱을 보여주면

깊은 주름 사이로 미소가 흐른다

아무도 불러주지 않는 것들에 다정한 이름을 지어 부르고

모진 날씨에 떨어진 것들은 상냥하게 주워 담으며

그렇게 근사하게 나이 들 수 있다면

집밥

시린 찬물에 박박 쌀을 씻어 안치고

잘 익은 김치와 스팸을 썰어 넣고

아침부터 찌개가 맛깔나게 끓는다

어머니는 보얀 쌀밥과 칼칼한 김치찌개로

게으른 아들의 등짝을 대신 때리시곤 했다

이역만리(異域萬里)에서 혼자 상을 차린다

밥솥에 남아있는 식은 밥 한 덩이

딱딱하게 말라붙은 꼴이 왠지 나 같은데

이리저리 애를 써도 좀처럼 그 맛이 나지 않지만

모락모락 올라오는 김 사이로 반가운 어머니의 잔소리가 어렴풋하다

고장 난 찌개가 맛깔나게 끓는다

천장

묵직한 롤렉스도

잘 빠진 페라리도

오늘따라 감흥이 없다

낮에는 뒤꿈치를 들어도 닿지 않더니

밤에는 코앞까지 내려와 있다

무겁게 내려앉은 천장은 나만의 것

가득한 나의 고향

넘치는 나의 동네

무겁게 내려앉은 천장은 나만의 것

출근

천근만근인 몸을 끌고 출근한다는 동훈에게 겸덕이 말했다

네 몸은 기껏해야 백이십 근, 천근만근인 것은 네 마음이라고

천근만근을 둘러메고 출근 준비를 한다

기껏 내린 커피는 입에 대지도 못하고

물때 낀 거울에 눈을 걸치고 멍하니 칫솔질을 한다

TV 속 꼬맹이는 대뜸 대통령이 꿈이라는데

생각이 왔다가 갔다가 하다가

마음이 오르락내리락하다가

나도 슬그머니 대답해 본다

"내 꿈은…"

늦었다, 출근해야지

청년이여

배가 고프면 밥을 먹고

목이 마르면 물을 마시는데

꿈꾸는 이는 무엇으로 채워야 하나

의열하고 선명했던 청년은 오간 데 없이

이루지 못한 미련에 한 잔

그마저도 권태로워 또 한 잔

매일을 뿌옇게 취해 잠들면서 무엇이 그리 서글퍼

품고 있다는 것만으로 벅차지 못하다면

꽃다발을 가득 들어 아무도 안아줄 수 없다면

나는 그것을 꿈이라 부르지 못하겠다

아무래도 꿈꾸는 이의 이부자리는 눅눅해야 맛이다

퇴근

쏟아지는 졸음을 꼬집으며 핸들을 고쳐 잡는다

그리운 얼굴들을 노을에 널어두고

아무도 없을 집으로 간다

늦은 저녁을 차리고는

몇 입 넣지도 못하고 수저를 든 채 꾸벅거린다

아들이 이렇게 사는 걸 알면 속상하실 텐데

엄지손가락만 한 바퀴벌레가 벽에 붙어 나를 노려본다

가만 보니 네 놈은 어제 살해당한 친구의 원수를 갚으러 왔구나

내일 아침을 생각하며 잠을 청한다

오늘은 또 무엇을 삼켜야 하나

오늘은 무엇을 또 삼켜야 하나

필살기

기가 막혀 눈물이 찔끔 날 것 같은 순간에

친구들이 어디선가 낄낄대며 보고 있다는

상상은 나의 필살기이다

나이가 들면서 점점 늘어나는 부재에

다들 먹고사느라 바쁘구나 넘겨짚는

짐작도 나의 필살기이다

같이 울고 웃던 화상들

언제 이렇게 아저씨가 되어버렸는지

이제 젊은이들 눈치 보여서 신사에서는 못 만나겠다

한잔하자

나름대로 뜨거웠던 시절을 안주 삼고

보이지 않아도 늘 보고 있노라며

응원받을 일 없어진 서로를 건배하자

그나저나 금리는 도대체 언제 떨어지냐

성훈이 장가간다는데 축의금 얼마 해야 되냐

한강의 기적

무더운 여름밤 한강에

잠들지 못하고 나와있는 사람들

마치 오늘 힘든 일이 하나도 없었던 것 같은 표정들로

강물 위 흔들리는 도시에 둘러싸여

선선한 강바람 나누어 맞는 맛

라면은 불고 배달 온 치킨은 식어도

닮은 하루들끼리 종이컵 부딪히는 맛

한강의 기적이 별건가

마주 보고 있는 서로가 기적이지

마치며

　처음 시집의 제목으로 '청춘마감'을 떠올렸을 때, 인생의 다음 챕터를 시작하기 전에 지나온 날들을 기록하여 홀가분하게 청춘을 마감하고 그다음으로 잘 넘어가고자 하는 의지를 담았었습니다. 하지만 작업을 하면서 생각이 조금 바뀌었습니다.

　청춘이라는 것은 어쩌면 인생의 어느 한 구간이 아니라, 우리가 살아가는 동안 만나는 모든 순간들인지도 모릅니다. 사람들을 만나고, 다양한 감정을 느끼고, 울고 또 웃으며 우리는 늘 반복되는 매일을 매번 조금씩 새롭게 맞이하기 때문입니다.

　어느덧 서른의 중반을 맞이하며, 눈부시던 청춘을 마감하고 어쩌면 조금은 지루한 어른이 되어야 한다고 생각했던 제가 틀렸다는 것을 이제는 압니다.

시집 『청춘마감』을 마무리하며 앞으로도 계속될 여러분과 저의 청춘(靑春)을 진심으로 응원합니다. 우리가 마주할 모든 순간들이 하나같이 푸른 봄을 가득 채우는 향기로운 시의 구절이 될 것이라 믿습니다.

글자 사이사이에 건강과 행복이 깃드시기를 바랍니다.

2024년 겨울, 양재동에서
정주훈 올림.

청춘마감

초판 1쇄 발행 2024년 12월 30일

지은이 정주훈
펴낸이 장길수
펴낸곳 지식과감성#
출판등록 제2012-000081호

교정 김지원
디자인 오정은
편집 오정은
검수 이주희, 정윤솔
마케팅 김윤길, 정은혜

주소 서울시 금천구 벚꽃로298 대륭포스트타워6차 1212호
전화 070-4651-3730~4
팩스 070-4325-7006
이메일 ksbookup@naver.com
홈페이지 www.knsbookup.com

ISBN 979-11-392-2331-6(03810)
값 11,000원

- 이 책의 판권은 지은이에게 있습니다.
- 이 책 내용의 전부 또는 일부를 재사용하려면 반드시 지은이의 서면 동의를 받아야 합니다.
- 잘못된 책은 구입하신 곳에서 바꾸어 드립니다.

지식과감성#
홈페이지 바로가기